Todos los profesionales requieren de una formación que les permita disfrutar de las máximas garantías de seguridad en su lugar de trabajo. Esta formación ha de estar enfocada fundamentalmente a la prevención y a impedir que se produzcan riesgos que puedan provocar accidentes.

Las transformaciones que se suceden en los ámbitos laborales, especialmente en los procesos de fabricación y en las actividades logísticas, requieren de una capacitación continuada que permita evitar cualquier peligro en la utilización de los equipos de trabajo y el manejo de maquinaria tecnológicamente compleja.

Este manual reúne las principales normas generales de seguridad que se deben aplicar y las ofrece en un formato innovador de gran capacidad didáctica. Cada capítulo expone primero los riegos y, a continuación, las medidas que se deben tomar para evitarlos, abordando temas como la utilización de equipos de protección individuales, los trabajos en altura, el orden y la limpieza del lugar de trabajo, los incendios, los primeros auxilios o la manipulación de productos peligros.

Para evaluar la comprensión de los conocimientos adquiridos, en un apartado final el lector hallará un test que le permitirá identificar las situaciones de peligro y reconocer cuál es el mejor método para evitarlas.

Este manual es una útil herramienta para el desempeño seguro, eficiente y sostenible de la actividad laboral y para el bienestar de las personas que confluyen en un entorno de trabajo.

Este manual de formación es personal e intransferible y pertenece a:

Nombre y apellidos

Dirección

DNI/NIE/Pasaporte

Fecha de la formación
Inicio   Final

Lugar de la formación

Edición exclusiva para:

www.iftem.com

MANUAL DE SEGURIDAD EN EL TRABAJO
1.ª edición, 2017

© 2017, ICG Marge, SL

Edita: Marge Books
València, 558 – 08026 Barcelona
Tel. 931 429 486 - marge@margebooks.com
www.margebooks.com

Edición a cargo de: David Soler
Gestión editorial: Hèctor Soler, Cristina Torres
Edición: Alba Megías
Ilustraciones: Lluís Modrego
Compaginación: Mercedes Lara
Impresión: Més Gran (Santa Coloma de Cervelló, Barcelona)

ISBN: 978-84-15340-55-3
Depósito Legal: B 18008-2017

El papel empleado en este libro no ha sido blanqueado con cloro elemental (Cl_2).

En un entorno industrial, la realización de trabajos sin los equipos de protección individual adecuados (EPI) entraña graves riesgos laborales para la seguridad de las personas.

No usar tapones o casco con protecciones en ambientes ruidosos conlleva deterioro auditivo y puede degenerar en sordera.

No utilizar pantalla de protección o gafas, protectores auditivos y guantes al realizar trabajos de corte, soldadura o abrasión puede causarle graves daños en los ojos, la piel y los oidos.

No utilizar ropa de trabajo adecuada para las condiciones ambientales y riesgos de cada actividad expone su cuerpo a posibles accidentes y enfermedades.

No llevar el calzado protector adecuado puede generar graves lesiones si le caen objetos pesados encima, pisa elementos afilados o punzantes y camina entre equipos automotores.

No utilizar guantes al manipular objetos punzantes o cortantes puede ocasionar accidentes y heridas graves en sus manos.

Trabajar sin casco deja la cabeza sin protección ante golpes fortuitos y es una posible causa de graves traumatismos.

Prevención

Los elementos de protección deben estar certificados con el distintivo «CE» y han de ser adecuados para cada tipo de riesgo.

Establezca los períodos de descanso en áreas a temperatura confortable. Evite la exposición prolongada al sol con temperaturas elevadas.

Antes de usar o manipular una sustancia química, debe leer la ficha técnica de seguridad o la etiqueta del envase para conocer los riesgos y las medidas de protección que sea necesario adoptar.

Los lugares de trabajo donde se generan contaminantes han de mantener activados los sistemas de extracción de aire y se deben utilizar equipos de protección individual (EPI) adecuados.

Un EPI (equipo de protección individual) es un equipo o elemento de protección que la persona debe llevar o sujetar para protegerse y evitar posibles riesgos sobre su seguridad o su salud.

Casco: protege la cabeza de golpes y caída de objetos.

Protectores auditivos: protegen los oídos de los ruidos. Deben usarse en zonas con niveles elevados de ruido, como salas de motores, bombas, calderas, compresores y grupos electrógenos, entre otras.

Gafas protectoras: protegen los ojos de las salpicaduras de productos químicos y la proyección de fragmentos y partículas. Deben usarse en todas las operaciones en las que exista riesgo de contacto con estos elementos.

Guantes de protección: protegen las manos de golpes, cortes, heridas, contactos eléctricos, productos químicos y contaminantes.

Ropa adecuada (antiestática, térmica, etc): protege el cuerpo frente a los riesgos del entorno, como las bajas temperaturas o la generación de chispas de electricidad estática, entre otras eventualidades.

Chaquetón/chaleco reflectante: protege el cuerpo de la lluvia o el frío y ayuda a visibilizar la presencia de quien lo lleva, reduciendo el riesgo de atropellos.

Calzado de seguridad: protege los pies de los golpes y de la penetración de líquidos gracias a su suela antiperforación y antichispazos. Es antideslizante, antiestático y resistente a la abrasión.

Los líquidos, el desorden y la suciedad provocan accidentes laborales como caídas y resbalones. Se debe mantener ordenado y limpio el lugar de trabajo para evitar riesgos, pérdidas de tiempo y conseguir un entorno seguro, equilibrado y agradable.

Si las escaleras no están limpias y despejadas se corre el riesgo de sufrir caídas.

No mantener las áreas de trabajo en condiciones óptimas de orden y limpieza, puede causar que obstáculos y residuos (aceite, grasa, restos de productos, etc.) provoquen graves caídas.

Prevención

Mantener ordenada, limpia y seca el área de trabajo.

Conservar despejados y limpios los pasillos, las vías de circulación y las escaleras, donde se ha de mantener siempre una sujeción firme y segura con la barandilla.

Cada elemento debe disponer de una ubicación para su almacenamiento, donde esté accesible para ser utilizado cuando sea necesario y conseguir un entorno seguro.

Manipular máquinas sin los EPI y las medidas de seguridad correspondientes, puede provocar graves accidentes.

No mantener una distancia prudencial frente a elementos móviles pueden ocasionarle golpes y poner en peligro su seguridad.

Trabajar con máquinas de proyección de partículas sin pantalla de protección colectiva y protector ocular puede provocarle graves daños al recibir impactos.

Deben seguirse los protocolos establecidos para manipular máquinas y mecanismos en movimiento, y siempre con los equipos de protección individual (EPI) y las medidas de seguridad correspondientes. Nunca deben inutilizarse, modificarse o anularse los dispositivos de seguridad.

Prevención

Si sujeta o cambia piezas cuando limpia o repara una máquina, hágalo con la máquina parada y sin ningún tipo de tensión eléctrica, neumática o hidráulica comprobadas.

Verifique que los elementos de transmisión (volantes, poleas, tambores, engranajes) conserven las carcasas de protección bien colocadas y sujetas. Nunca las extraiga con la máquina en funcionamiento.

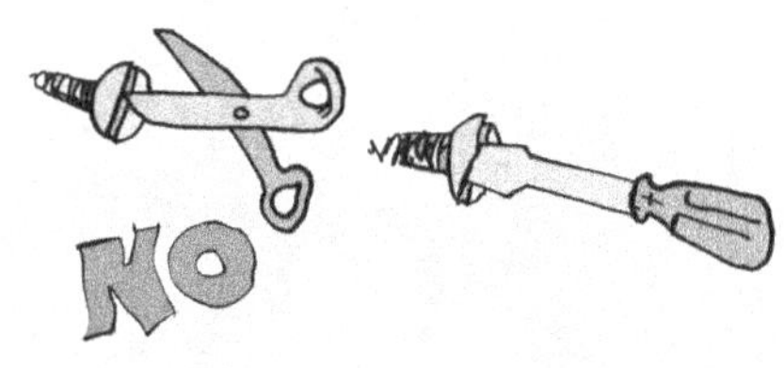

Utilice las herramientas adecuadas para cada tipo de tarea. Cada herramienta solo sirve para la función para la que fue diseñada.

No guarde herramientas en los bolsillos o sujetas en los cinturones. Emplee un cinturón portaherramientas o una bolsa portaherramientas en bandolera.

Para su seguridad, inspeccione periódicamente las conexiones eléctricas y las mangueras de aire comprimido.

No aplique aire comprimido sobre la ropa de trabajo ni sobre la piel.

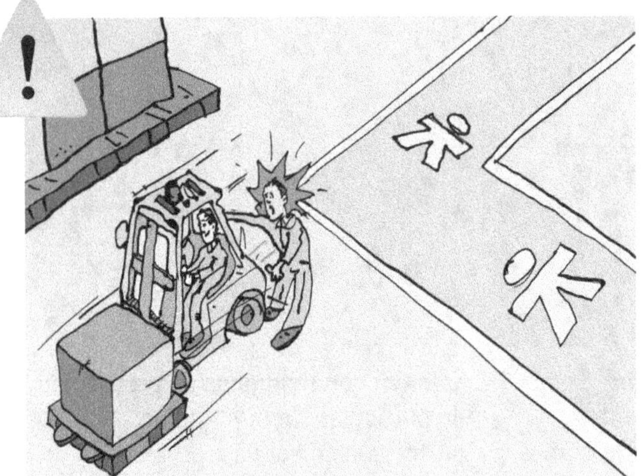

No respetar la zona para peatones y circular
cerca de equipos móviles en maniobra puede
ser motivo de accidente.

Subir de pasajero a una carretilla elevadora
o a una transpaleta para que le transporten puede
ser causa de caídas de consecuencias graves.

No respetar una zona delimitada por conos puede
causarle daños si trabajan equipos o personas en
altura.

No asegurarse de que el conductor de un vehículo
en movimiento ha advertido su presencia puede
ocasionar un accidente grave o mortal.

Pasar sobre cintas transportadoras en marcha
puede provocar caídas y graves lesiones.

Pasar bajo cintas transportadoras entraña el peligro
de quedar atrapado por su mecanismo.

Circule siempre por las vías y las áreas reservadas para peatones.

Mantenga siempre una distancia de seguridad respecto a los vehículos que maniobran o trabajan en altura.

Preste atención a su entorno en las zonas con vehículos en movimiento.

Al pasar cerca de un vehículo o al ayudar a un camión a maniobrar, sitúese delante, dentro de la zona de visibilidad del conductor.

Asegúrese de que las rejillas y protecciones del suelo estén bien colocadas, ya que si están deterioradas pueden provocar torceduras de tobillo y caídas.

Utilice las pasarelas para pasar sobre las cintas transportadoras.

Caminar delante de una transpaleta entraña
el riesgo de que le alcance y le fracture el talón
o le cause una lesión sobre el tendón de Aquiles.

Manejar la transpaleta cerca del borde
exterior del muelle de carga entraña riesgo
de peligrosas caídas.

Cargar un camión mal calzado o con la rampa de
acceso en una posición inestable puede provocar la
caída de la carretilla y causarle graves heridas.

Un suelo irregular o el piso deteriorado de un
camión o de un contenedor pueden provocar
el vuelco de la transpaleta.

Cargar un vehículo sin la visibilidad
adecuada puede causar atropellos si
hay alguien en el interior.

Utilizar la transpaleta de conductor
acompañante como medio de
desplazamiento puede provocarle
una caída y graves heridas.

Al maniobrar no se situe delante del
transpalé, corre el riesgo de resultar
atrapado y de recibir un fuerte impacto
de la barra timón.

Maniobre siempre desde un lado de la transpaleta, nunca desde delante. Evite espacios reducidos.

Informe con presteza de cualquier anomalía observada en el funcionamiento de la transpaleta.

Para conducir la transpaleta sitúese delante y a un lado de este y circule exclusivamente por las zonas delimitadas por la señalización sobre el pavimento.

Verifique que el vehículo está bien calzado. Si se trata de un remolque desenganchado, coloque un soporte hidráulico bajo la parte delantera para impedir posibles basculamientos durante la carga.

Para realizar con seguridad la carga de un vehículo, verifique antes la solidez del piso y asegúrese de que la rampa de acceso está bien calzada.

Avise siempre cuando acceda con una carga al interior de un vehículo de transporte.

No llevar el equipo de protección adecuado cuando trabaja en altura le expone gravemente si sufre una caída.

Puede sufrir graves accidentes si pasa bajo una carga suspendida y esta se desprende.

No utilice carretillas elevadoras para elevar a un trabajador, a ninguna altura. El riesgo de accidente grave es muy elevado.

Prevención

Circule siempre por la pasarela de seguridad al trabajar sobre tejados de material poco resistente (fibrocemento, materia plástica, etc.) o donde se estén realizando trabajos.

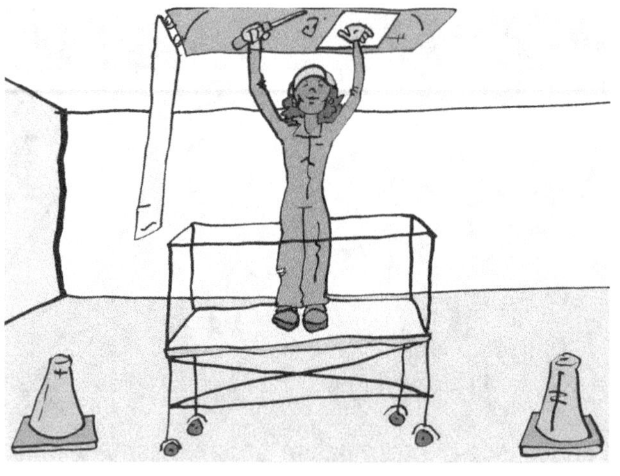

Para realizar trabajos en altura, utilice andamios o plataformas provistos de barandillas de seguridad y bloqueo de las ruedas. Si es necesario, señalice su perímetro de trabajo.

Utilice escaleras de mano para acceder o salir de las zanjas.

No utilice escaleras con empalmes, deformaciones, escalones rotos o que no dispongan de un apoyo inferior antideslizante.

Manipular cables defectuosos o un armario de control de conexiones
sin la debida protección puede ocasionarle una descarga eléctrica.

Un equipo eléctrico en cortocircuito o sobrecargado
puede provocar explosiones e incendios.

Trabajar en altura en instalaciones de electricidad
sin llevar la protección adecuada puede causar
graves accidentes.

Prevención

Nunca apague con agua equipos eléctricos incendiados,
corre grave riesgo de electrocución.

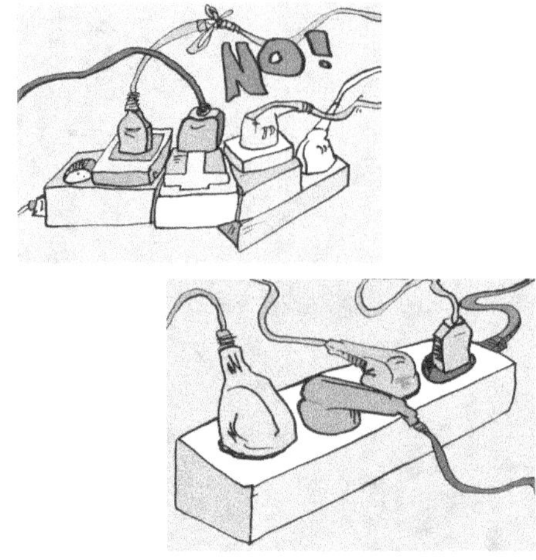

Desconecte siempre los equipos o instalaciones en tensión antes de manipularlos.

No trabaje con conexiones múltiples, empalmes defectuosos o cualquier material o aparato eléctrico que no presenten un estado óptimo.

Señalice adecuadamente la zona donde esté trabajando si existe riesgo eléctrico.

Nunca realice trabajos con equipos o instalaciones con electricidad sobre superficies húmedas o conductoras.

Proteja o impermeabilice los aparatos eléctricos antes de limpiar con agua.

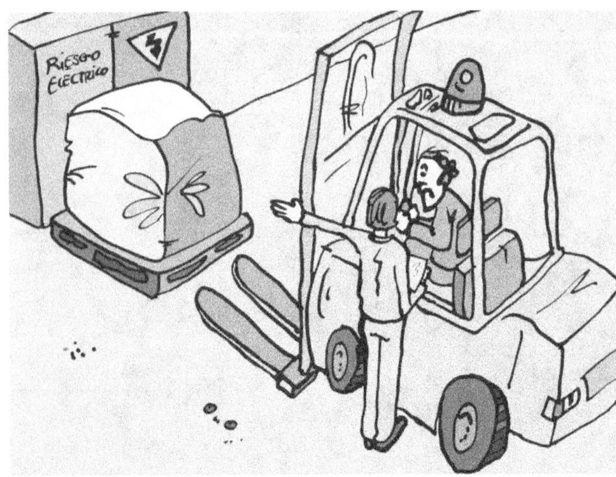

Nunca coloque elementos delante de armarios y cuadros eléctricos. Asegúrese de que siempre sean accesibles.

Utilice herramientas de 24 voltios cuando trabaje dentro de un depósito metálico o espacios confinados con atmósferas ATEX.

No apagar cigarrillos u otros focos de ignición correctamente puede generar incendios o explosiones.

Realizar trabajos de corte, soldadura o abrasión que emitan chispas o partículas calientes puede provocar la combustión de otros materiales, especialmente de productos inflamables.

Manipular materias inflamables o deflagrantes puede provocarle graves quemaduras.

Los gases tóxicos generados por un incendio pueden provocar dificultades para respirar y asfixia.

Prevención

No fume nunca en el lugar de trabajo ni donde existan sustancias combustibles.

Sitúe los extintores en lugares visibles, de fácil acceso y correctamente señalizados.

Infórmese de las normas que debe seguir en caso de incendio.

No obstaculice el acceso a elementos como sistemas contra incendios o salidas de socorro.

Apague el incendio en la misma dirección que su desplazamiento. Mantenga siempre una vía de salida a sus espaldas.

Contacte con el servicio responsable para sustituir de inmediato el extintor utilizado por otro cargado de iguales características.

Utilice el extintor adecuado para cada tipo de incendio.
Al descolgar el extintor coloque la palma de la mano bajo el mismo para evitar que resbale y caiga.

Siga las instrucciones de evacuación previstas en cada caso.

En caso de incendio use la escalera o salida de emergencia, nunca el ascensor.

Aléjese hasta la zona de reunión consignada y no regrese al edificio donde se ha producido un incendio.

Manipular incorrectamente una carga puede provocar lesiones en la columna vertebral, contracturas y dolencias musculares.

Realizar esfuerzos repetidos puede provocar transtornos músculo-esqueléticos graves.

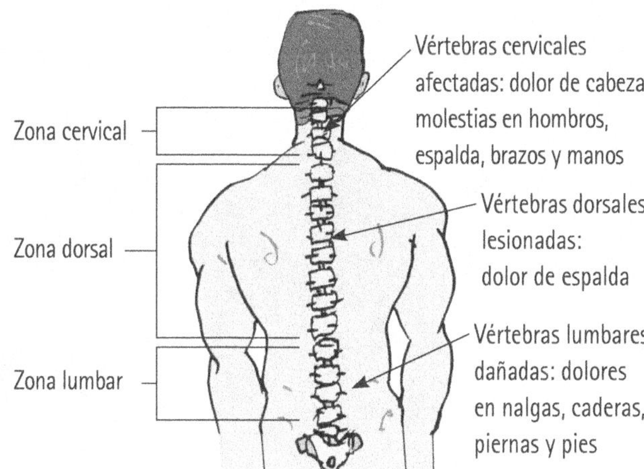

Síntomas habituales al producirse lesiones en la espalda.

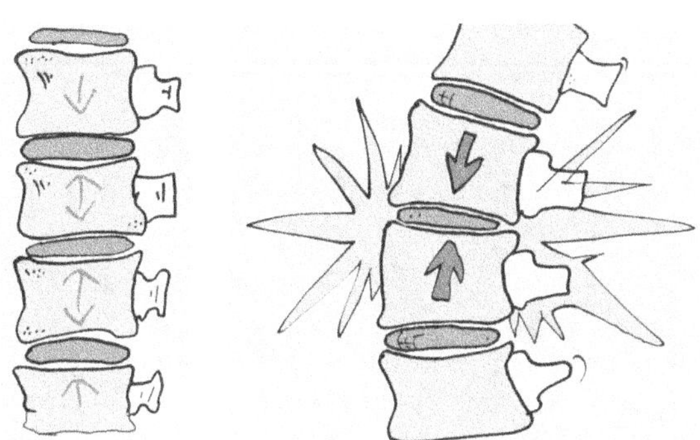

No manipule las cargas con la espalda doblada ni con las piernas en tensión, las vértebras pueden pinzar los discos intervertebrales y causar hernias discales.

Prevención

Evite daños en la columna vertebral siguiendo este procedimiento:

1 Sitúese lo máximo posible sobre la carga.
2 Con la espalda recta, doble las piernas y tome la carga.
3 Eleve la carga utilizando los músculos de las piernas.
4 Mantenga la carga cerca del cuerpo y transpórtela en posición erguida.

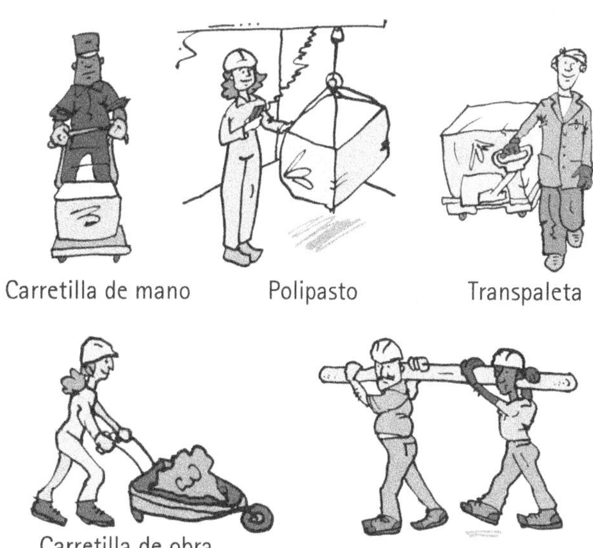

Siempre que sea posible, utilice equipos de manutención para trasladar y manejar las cargas o realice esta labor con la ayuda de otra persona.

Proteger al accidentado y verificar que está fuera de peligro.

Avisar a los servicios sanitarios. Proporcione toda la información significativa sobre el accidentado y el accidente.

Socorrer al accidentado. Evalúe su estado y actúe solo si está seguro de tener los conocimientos necesarios.

En caso de accidente, seguir siempre este procedimiento.

No mueva a una persona herida, puede haber sufrido lesiones en la cabeza, el cuello o la columna vertebral. Protéjala hasta que llegue el equipo médico y no le ofrezca agua ni medicamentos.

Ante un desmayo mantenga a la persona tumbada boca arriba con los pies elevados. Afloje prendas ajustadas y despeje las vías aéreas. Llame a urgencias si no recupera de inmediato la conciencia.

Si una persona sufre una parálisis respiratoria o no tiene pulso, practíquele un masaje cardíaco. En caso de no conocer la técnica, si prevé que la ayuda no llegará en tres minutos, trate de aplicarla con sentido común. Recuerde que si no se le presta la asistencia podría morir en cuatro o cinco minutos.

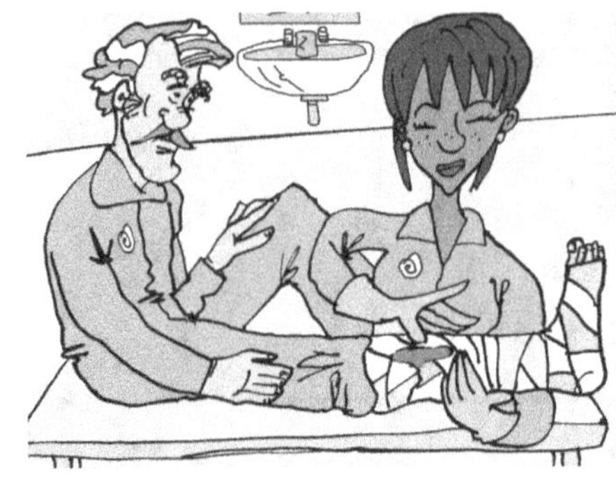

En caso de heridas sangrantes, aplique un apósito y un vendaje compresivo y apriete con firmeza sobre la herida.

Si va a curar una herida, lávesese bien las manos y utilice desinfectante y guantes esterilizados.

Nunca quite la ropa en una zona del cuerpo donde exista una quemadura. Debe hacerlo un profesional cualificado.

En accidentes oculares leves, lávese los ojos
con agua durante 15 minutos, no aplique colirio
ni frote los párpados, y acuda al médico.

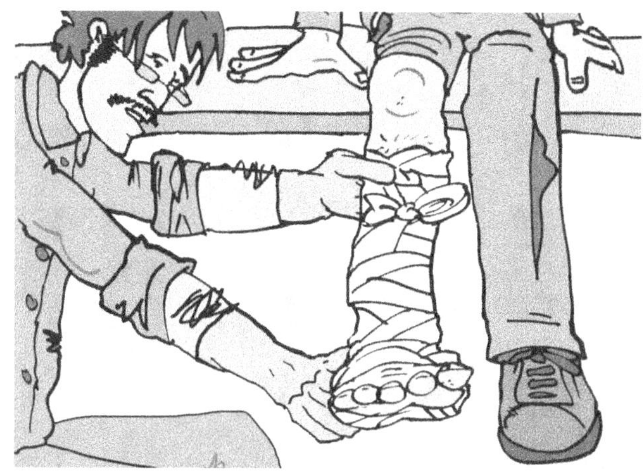

Ante contusiones y torceduras, aplique hielo
sobre la zona afectada, un vendaje compresivo y
manténgala en alto hasta recibir atención médica.

Prevención

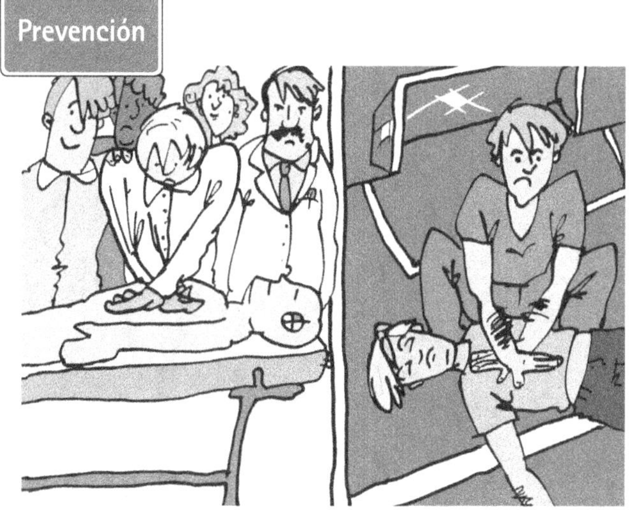

Acuda a cursos de formación en su centro de
trabajo. Aprenderá técnicas y procedimientos
para autoprotegerse y actuar en situaciones de
emergencia.

El botiquín debe estar siempre accesible y con
instrumental y material para realizar curas de
urgencia. Revise periódicamente el contenido y
repóngalo si caduca o es utilizado.

Lávese siempre las manos antes de comer o beber
para eliminar restos de suciedad y sustancias tóxicas.

No acuda a la cantina con la ropa de trabajo
contaminada.

Los productos peligrosos
pueden quemar la piel, provocar
intoxicaciones o incluso causar asfixia.
Si se manipulan incorrectamente
pueden provocar graves accidentes.

Algunos productos químicos pueden producir vapores tóxicos al mezclarse. Nunca debe trabajar sin conocer sus propiedades ni sin la protección adecuada.

Estos son los pictogramas que aparecen en las etiquetas de los productos peligrosos y determinan sus características.

Inflamable

Comburente

Envase con gas a presión

Corrosivo

Toxicidad aguda

Irritación cutánea

Peligroso por aspiración

Peligroso para el medio ambiente acuático

Prevención

Almacene los productos peligrosos en locales reservados para este propósito. Los productos que puedan producir una reacción mutua deben almacenarse separados.

Si entra en contacto con un producto peligroso, quítese la ropa y lave durante quince minutos con abundante agua la zona afectada. Utilice medios de ducha y lavaojos.

Antes de trabajar, lea siempre el etiquetado especial.

Nunca coma, beba ni fume en su lugar de trabajo.
Corre el riesgo de intoxicarse, provocar un incendio
u otros accidentes graves.

Si trabaja con productos peligrosos, utilice equipos
de protección individual adaptados a cada riesgo
específico. Manténgalo siempre en óptimas
condiciones.

Traje de trabajo estanco y con capucha, ajustado a
muñecas y tobillos.
Calzado de seguridad.
Gafas de seguridad, pantalla o máscara respiratoria.
Guantes de goma, resistentes a productos químicos.

Nunca transvase un producto químico a un envase
alimentario, alguien podría ingerirlo. Almacene
los productos peligrosos en envases originales
u homologados y etiquetados correctamente.

El personal de la empresa ha de estar bien
informado de los riesgos específicos de su puesto
de trabajo y debe pasar revisiones médicas
periódicas para garantizar su salud.

Marque con una cruz los círculos de las viñetas que muestren
situaciones de riesgo laboral que podrían evitarse.

RIESGO ELÉCTRICO

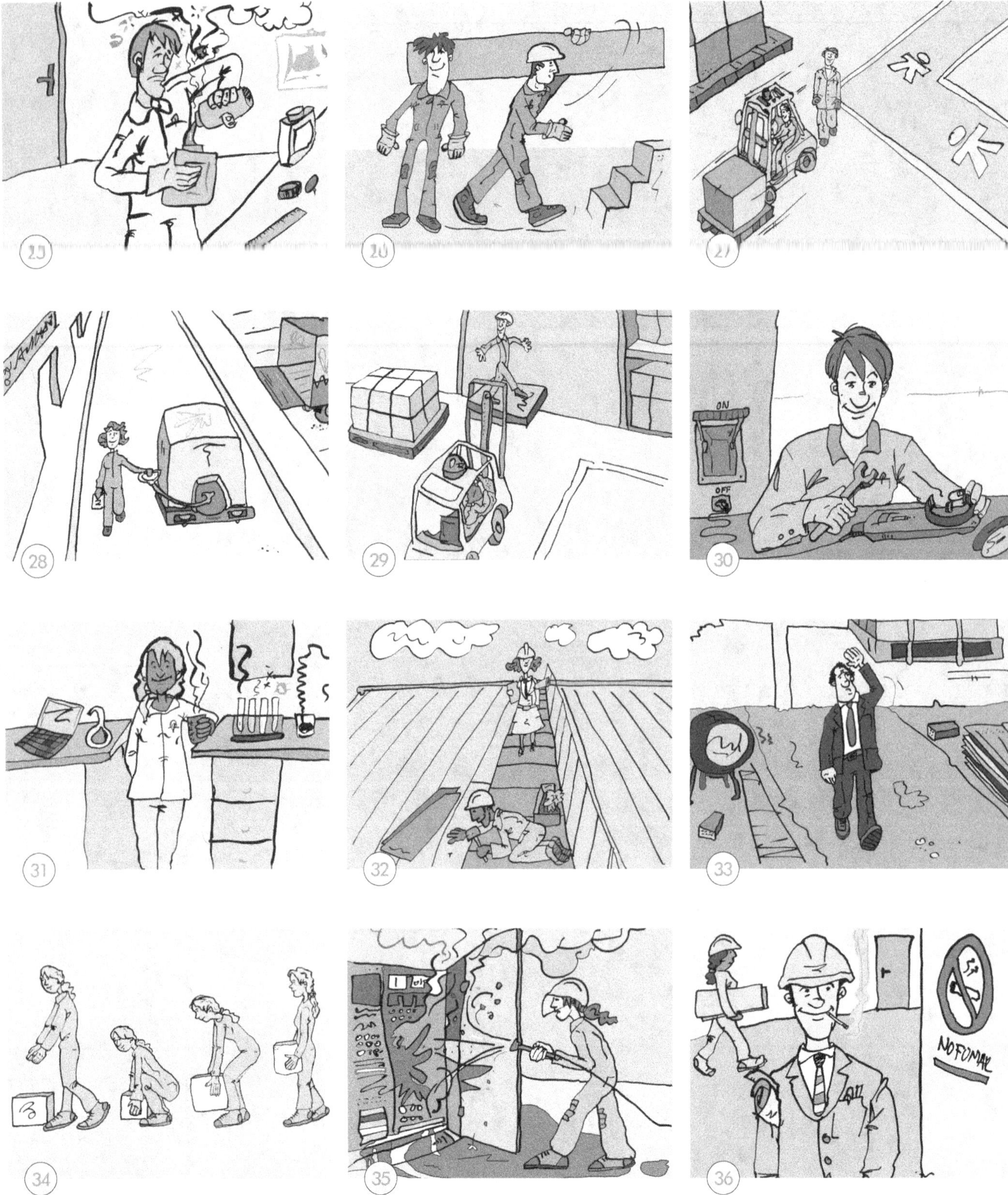
ON
OFF
NO FUMAR